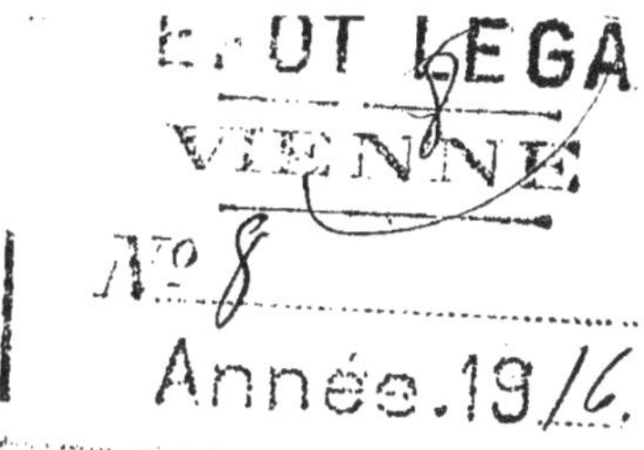

JOSEPH REINACH

Les

Lois anti-alcooliques
et la Guerre

*Conférence faite à la Ligue française de l'enseignement
le vendredi 23 avril 1915*

Prix : 50 centimes

PARIS

LIGUE NATIONALE CONTRE L'ALCOOLISME

147, BOULEVARD SAINT-GERMAIN, 147

1915

LES LOIS ANTI-ALCOOLIQUES

ET LA GUERRE

—

Les Lois anti-alcooliques et la Guerre

*Conférence faite à la Ligue française de l'enseignement
le vendredi 23 avril 1915*

Prix : 50 centimes

PARIS

LIGUE NATIONALE CONTRE L'ALCOOLISME

147, BOULEVARD SAINT-GERMAIN, 147

—

1915

Mesdames, Messieurs,

Je croirais faire injure aux membres de la Ligue de l'Enseignement et à ses amis si je m'attardais, au seuil de cet entretien, à établir qu'il n'y a point de fléau plus redoutable que le péril alcoolique et que les pouvoirs publics ont le devoir de le combattre avec le même courage et la même ténacité que déploient nos armées contre l'ennemi du dehors.

La démonstration n'est plus à faire ; elle a été faite plusieurs centaines de fois ; et l'événement, hélas ! ne nous a donné que trop raison pendant tant d'années où nous ne fûmes guère moins maltraités, les uns et les autres, que *l'Ami du Peuple* du poète scandinave.

Ce que je tiens, par contre, à dire tout de suite, c'est qu'entre vous, les ennemis de l'alcoolisme, que votre action soit individuelle ou qu'elle soit collective, et ceux qui pactisent, plus ou moins ouvertement, plus ou moins franchement, avec l'alcoolisme, la différence ne porte pas sur l'objet même du débat, sur le fond des choses.

Il n'y a pas, d'une part, des hommes qui viennent dire, avec tous les corps savants, avec l'Académie des sciences, avec l'Académie de médecine : l'alcool est un poison ; et, d'autre part, des hommes qui seraient persuadés que l'alcool est un aliment utile, sain, dont il convient, dans l'intérêt de l'hygiène publique, d'encourager la consommation.

Non. Car les autres, tous les autres, savent comme vous, et quelquefois mieux encore que vous, quels sont les ravages, quelles sont les conséquences désastreuses de l'alcoolisme, économiques, politiques, sociales, morales, ethniques. Les débitants savent qu'à pousser à la consommation et à respirer les vapeurs de l'alcool, ils sont, de toutes les corporations, celle où la mortalité est, de beaucoup, la plus forte, comme sont aussi le plus nombreuses les faillites en raison de la concurrence jusqu'à présent illimitée. Et les bouilleurs de cru savent également que leurs régions, naguère encore les plus riches et les plus peuplées, s'appauvrissent et se dépeuplent lamentablement, et que la race y déchoit en même temps que restent en friche les plus belles terres.

Mais les bouilleurs s'enrichissent tous les ans de plus de 100 millions fraudés, volés au Trésor.

Mais le commerce des spiritueux s'enrichit tous les ans d'un milliard et demi de salaires — je dis : d'un milliard et demi de salaires — qui s'en vont annuellement aux cabarets. Oui, j'ai ici les chiffres. En 1856, prix de l'alcool consommé : 90.981.800 francs. En 1903, prix de l'alcool consommé : 1.200.000.000 francs. Et aux dernières statistiques, en 1913, le milliard et demi était dépassé.

Voilà pour les intérêts matériels en jeu, et voici pour les intérêts que je ne puis me résigner à appeler moraux : Les débitants sont des électeurs. Les bouilleurs de crû sont des électeurs.

Je l'ai dit bien des fois et je ne me lasserai pas de le répéter : D'un côté, des intérêts personnels, de commerce, de clientèle électorale ; de l'autre, l'intérêt national.

Il faut choisir.

Le choix est fait, et la grande entreprise est bien engagée.

N'écoutez jamais la voix dolente et affaiblissante des pessimistes.

D'abord, nous avons créé un si puissant mouvement d'opinion qu'il nous suffira de ne pas désarmer pour compléter la victoire qui s'ébauche.

En second lieu, les chefs de l'armée ont pris résolument, dans les zones où ils exercent leurs commandements, des mesures énergiques et qu'ils ont fait appliquer.

Face à l'ennemi, ils n'ont pas voulu recevoir dans le dos le coup de poignard de l'alcool, comme leurs grands prédécesseurs de l'an II avaient reçu celui de la Vendée.

Le Chancelier de l'Echiquier, M. Lloyd George, qui n'est pas, que je sache, un conservateur arriéré, disait l'autre jour : « Nous combattons contre trois ennemis : l'Allemagne, l'Autriche, la Boisson. Et je ne sais pas si le plus redoutable, ce n'est pas la Boisson. »

Vérité au-delà de la Manche et vérité en deçà.

Enfin, les pouvoirs publics ont commencé à légiférer. Les Chambres ont supprimé l'absinthe. La Chambre a voté une loi sur la limitation des débits, loi que l'on aurait voulue plus vigoureuse, qui ne constitue pas moins une excellente base d'opérations.

Il nous est venu quelque fierté, à nous autres, les militants de la première heure contre l'alcoolisme, que nos premiers succès aient été remportés au cours des grands événements que nous vivons, que nos principes aient triomphé au fort de la lutte magnifique que nous soutenons pour la liberté et l'indépendance des nations, et que les mesures préliminaires qu'en temps de paix nous ne parvenions pas à faire inscrire à l'ordre du jour des Chambres aient été adoptées en pleine guerre, sur l'initiative du gouvernement, comme des mesures de salut public et comme des conditions nécessaires de la victoire.

Mais, précisément parce que cette légitime fierté a accru notre confiance dans le succès de notre cause, nous avons le droit et nous avons le devoir de dire aux pouvoirs publics : Ces lois sont insuffisantes. Il en faudra d'autres. Mais si insuffisantes qu'elles soient encore, elles produiront d'heureuses, de très heureuses conséquences, si elles sont appliquées d'une main ferme.

Or, les lois et les décrets et les arrêtés contre l'ivresse publique et contre l'alcoolisme ne sont encore appliqués, selon leur lettre et leur esprit, que dans les zones des armées. Dans la zone de l'intérieur, elles sont mollement appliquées ou elles ne le sont pas du tout.

Je vous lirai tout à l'heure des passages significatifs d'une circulaire — j'allais dire : d'un très honorable aveu — du ministère de l'Intérieur.

Nous avons une vieille loi contre l'ivresse publique et les progrès de l'alcoolisme, une loi du 28 janvier 1873, votée par l'Assemblée nationale, qui porte la signature de M. Thiers, premier président de la République. Cette loi, on ne l'ignore pas. Elle est affichée dans tous les cabarets. A vrai dire, c'est la seule disposition de la loi qui soit appliquée.

Les autres dispositions de la loi sont-elles appliquées ? Où sont-elles appliquées ? Comment sont-elles appliquées ?

La loi frappe de peines, très insuffisantes à mon sens, mais enfin elle frappe tout de même les débitants qui ont fait boire jusqu'à l'ivresse et qui ont continué à verser à boire à leurs clients ivres.

J'ai demandé, par une lettre qui a paru dans le journal *le Temps*, combien de fois cette loi avait été appliquée. Ce n'était pas dans l'article qui m'a valu les honneurs de la censure. Il n'a pas été répondu.

J'ai indiqué alors, dans un deuxième article, quelques-unes des causes pour lesquelles aucune poursuite n'avait jamais été engagée contre ces débitants, passibles des peines portées par une loi existante.

J'extrais de mon dossier une information qui a paru dans toute la presse et des extraits de documents judiciaires.

Sous ce titre : *Territorial condamné à mort*, on lisait dans les journaux, il y a quelques jours :

Le conseil de guerre de Boulogne-sur-Mer a jugé le soldat Jean-Baptiste Rappasse, du 6e territorial d'infanterie, inculpé de voies de fait envers un supérieur.

Etant en état d'ébriété, Rappasse, que son adjudant menaçait d'une punition, avait, en effet, saisi son fusil par le canon et frappé son chef. Rappasse a été condamné à mort.

Le débitant, chez qui ce malheureux s'est enivré, a-t-il été poursuivi en vertu des articles 4 à 6 de la loi du 28 janvier 1873 ?

Voici maintenant les copies, transcrites par un avocat au greffe de la justice de paix de..., d'une dizaine de procès-verbaux pour ivrognerie, « pris au hasard », m'écrit mon correspondant.

Datés des 18 et 24 septembre, 10 décembre 1914, 9 et 10 janvier, 21 février 1915, etc., ils se terminent tous par la même formule : « Il ne nous a pas été possible de savoir où F..., D..., P..., R..., M..., ou C..., s'était enivré. »

Simple clause de style, Messieurs. Je lis, en effet, dans le procès-verbal du 27 décembre 1914 : « Déclaration de l'inculpé P... : « Hier, je me suis enivré *chez moi*. » Mais l'habitude de la clause de style est telle que le gendarme écrit *in fine* : « Il ne nous a pas été possible de savoir où P... s'était enivré. »

A-t-il été également impossible de savoir où le territorial qui vient d'être condamné à mort s'est enivré ?

Non, cela n'eût pas été impossible, mais il eût fallu pour cela que le parquet, que la police, que la gendarmerie fissent leur devoir. Et ils ne l'ont pas fait. Et pourquoi ne l'ont-ils pas fait ?

Ils ne l'ont pas fait parce que, depuis un beaucoup trop grand nombre d'années, les gendarmes et la police et la magistrature sont arrivés à cette conviction, que je veux croire erronée ; mais, enfin, ils sont persuadés que, s'ils découvraient cette sorte de délinquants et les poursuivaient par application de la loi, ils se feraient de mauvaises affaires avec des personnages influents de la commune, du canton ou de l'arrondissement.

Je serais au plein de mon sujet si je vous parlais maintenant de la réforme électorale. Je n'en veux dire qu'un seul mot : C'est que la première et la plus essentielle des lois anti-alcooliques, c'est la loi électorale qui rendra la pleine et entière liberté aux parlementaires, aux fonctionnaires et aux magistrats.

Je reviens à la loi de 1873.

Il n'a été engagé aucune poursuite, depuis 30 ans et plus, contre aucun débitant pour avoir enivré son client, fût-ce jusqu'au crime.

Par conséquent, la peine de la clôture du débit, en cas de récidive, n'a jamais été prononcée.

La loi de 1873 sur l'ivresse publique et les progrès de l'alcoolisme doit être abrogée ou elle doit être appliquée. Il ne s'est encore trouvé aucun législateur pour en proposer l'abrogation.

Donc appliquez-la exactement.

Supposez que le gouvernement, celui d'aujourd'hui, portant haut la responsabilité de l'action commencée et ferme en ses desseins, ne se contente pas d'en exiger par une circulaire, qui constitue déjà un premier acte, mais qu'il en poursuive lui-même, et très résolument, l'application. Que se passera-t-il ?

A la première poursuite engagée, les solliciteurs ordinaires se mettent en mouvement ; le débitant incriminé est un excellent électeur, très influent, qui fait partie des bons comités, qui a toujours voté pour tous les gouvernements.

Là dessus, refus formel de toute intervention ; — je suis dans le domaine de l'hypothèse ; — la justice suit son cours ; les magistrats font leur devoir ; le délinquant est condamné.

Et lorsque, dans tous nos départements, une vingtaine de condamnations auront été prononcées, — il n'en faut pas plus ; il n'en faudra même pas autant ; — nos 450.000 débitants auront compris. Je ne suis pas leur ennemi. Bien qu'ils me méconnaissent et me font adresser périodiquement de très honorables injures par les journaux des grands syndicats de spiritueux, je les tiens pour de braves gens. Mais ils se croient sacro-saints, intangibles, tabou. Quand cette croyance, très légitime à l'heure présente, leur aura passé, ce ne seront plus que de braves gens ; soucieux de leurs intérêts, ils ne verseront plus à boire jusqu'à l'ivresse, et je ne recevrai plus de lettre comme celle-ci qui m'a été adressée il y a quelques jours et que je verse aux débats sans commentaire.

Mon correspondant est, dans la vie civile, un universitaire d'un très grand mérite. Il fait partie, depuis longtemps, de notre Ligue de l'Enseignement. C'est un républicain éprouvé. Ce n'est même pas un clérical. Il est, actuellement, sergent au ...ᵉ régiment de territorial, sur le point de passer sous-lieutenant. Il écrit :

Dimanche, étant de service, j'ai eu la révélation la plus nette du fléau épouvantable qui sévit ici : c'est l'alcool. Les malheureux blessés sont guettés dès la porte de l'hôpital par le débit, et de débit en débit ils rentrent dans l'état que vous imaginez. Le dimanche est une grande soûlerie. J'ai vu à l'hôpital des malheureux ruinés par l'alcool. Le mal est si grand qu'on ne sévit pas ; on essaie de ne pas voir. Aussi bien, la punition infligée au soldat est inefficace. L'homme puni de prison boit davantage quand il sort. Inutile de vaincre si nous nous laissons tuer par ce fléau. L'état de siège pourrait être utilisé. Jamais on n'a eu une plus belle occasion d'agir. Jamais le mal n'a été plus grand. Tous les jours l'impression pénible que je reçois s'approfondit.

Et cela se passe à 50 kilomètres de Paris, mais dans la zone qui n'est pas la zone des armées.

Voilà pour la loi de 1873.

Les Chambres viennent de voter la loi qui interdit la fabrication et la vente de l'absinthe.

Il faudra interdire pareillement la fabrication et la vente de bien d'autres poisons. Mais la loi sur l'absinthe est excellente, c'est une grande loi. Est-elle appliquée toujours et partout comme il faudrait ?

Il y a la boutique — et il y a l'arrière-boutique. J'ai reçu, depuis deux mois, plus de cinquante lettres, venant de tous les coins de la France, me signalant que, dans les arrière-boutiques, et, particulièrement, après l'heure légale de la fermeture des cabarets, on continue à verser l'absinthe à plein verre.

Je ne suis pas un pourvoyeur de tribunaux ; je garde pour moi ces dénonciations. Mais j'ai le droit d'en tirer, en votre nom, la moralité qui convient. Il ne s'agit pas de supprimer théoriquement l'absinthe. Il faut la supprimer en fait. Vous ne l'aurez supprimée que du jour où une centaine de débitants auront été poursuivis et une centaine de débits fermés pour vente clandestine de l'absinthe.

Je demande très instamment à mes confrères de la presse s'ils reproduisent ce discours, de donner exactement ces paroles que je viens de dire. *Le Courrier Viticole*, 92, boulevard Magenta, les pourra commenter agréablement. C'est dans ce journal qu'on pouvait lire l'autre jour :

M. Reinach « mange du bistrot », comme on disait autrefois que les libres-penseurs « mangeaient du curé ».

Exclu du Palais-Bourbon, il a « profité de la guerre » — je cite textuellement — pour reprendre, par la voie de la presse et par l'intermédiaire de certains de ses amis demeurés à la Chambre, sa campagne contre le commerce des boissons.

Et il a réussi.

On a supprimé l'absinthe. On a interdit l'ouverture de nouveaux cabarets. Mais cela ne suffit pas à M. Reinach.

Eh bien, non, cela ne me suffit pas, comme cela ne suffit pas non plus à M. Ribot lorsqu'il disait, l'autre jour au Sénat, au cours de la discussion du projet de loi sur la suppression de l'absinthe : « Quand nous aurons supprimé l'absinthe, nous n'aurons pas fait tout notre devoir. Il faudra prendre des mesures pour restreindre la consommation de l'alcool. Les mesures devront être énergiques pour être efficaces. Le ministre des Finances qui poursuivra cette réforme ne devra pas s'inspirer d'un esprit de fiscalité trop étroit, mais de la nécessité qu'il y a de protéger la race française. »

Le jour où M. Ribot a prononcé ces fortes paroles, il parlait, j'imagine, au nom du Gouvernement tout entier et, remarquez-le bien, comme ministre des finances.

Car je veux tout de suite faire justice de l'un des suprêmes arguments auxquels se raccrochent ceux qui n'osent pas, pour les médiocres raisons que je vous ai dites, affronter la lutte contre l'alcoolisme. Ils disent : « Si vous supprimez l'alcool, si vous réduisez la consommation de l'alcool, quelle perte pour le Trésor ! quel trou dans nos finances ! »

L'argument serait sans valeur morale s'il était matériellement exact. Mais il est aussi contraire à la vérité qu'il est immoral.

Vous vous préoccupez des intérêts du Trésor. Moi, aussi, je m'en préoccupe et je vous dis : « Supprimez le privilège des bouilleurs de cru ! » Le *minimum* que cette fraude éhontée coûte annuellement au Trésor, je l'évaluais tout à l'heure à cent millions. Des ministres de Finances autorisés, M. Carnot, M. Tirard, l'évaluaient à 150, à 200 millions.

La cause est entendue depuis bien des années. Le privilège des bouilleurs n'est que le nom électoral de la fraude. J'ai souvent cité le mot d'un ancien président de la République, M. Loubet : « Qui dit bouilleur, dit fraudeur. » Le privilège serait intolérable dans une oligarchie rurale ; il est un scandale, il est une honte dans une démocratie.

Si je rentrais à la Chambre, je ne voterais pas un centime d'impôt nouveau tant que subsisterait le privilège des bouilleurs. Il n'est pas admissible que le fisc tire plus longtemps de la poche des contribuables honnêtes, des commerçants honnêtes, cent millions par an pour en faire cadeau à des ennemis aussi avérés de la santé publique, de la prospérité publique, que le sont les bouilleurs de cru.

Et voici une autre ressource, non moins importante : une licence très élevée sur tous les débits de boissons alcooliques, licence qui serait, selon la proposition de mon ami Léon Bourgeois, et de mes amis de *l'Alliance d'Hygiène sociale*, de 500 fr. au minimum, et, en outre, proportionnelle à l'importance des établissements, afin de décourager par avance,

comme je l'ai dit ailleurs, la substitution aux milliers de petits
débits de ces *Gin Palaces*, ces *Louvre* et ces *Galeries Lafayette*
de l'alcool, que l'Angleterre a frappés de licences qui varient
entre 5o.ooo et 2oo.ooo francs.

Nous ne modifierons pas le taux de la licence pour les établissements qui ne vendront que des boissons hygiéniques.
La France est le pays du vin. Le vin, c'est la santé, c'est la
force. L'alcool, c'est le poison. Une licence *minimum* de
5oo francs pour les débits qui continueront à vendre de l'alcool n'a rien d'excessif.

Vous voulez des ressources nouvelles. En voici : des impôts
anti-alcooliques.

Mais ce n'est pas seulement sur la suppression de la fraude
des bouilleurs et sur l'accroissement des licences que je compte,
comme, sans doute, M. Ribot, pour compenser largement la
perte que fera subir au Trésor la réduction de la consommation alcoolique ; c'est sur cette réduction elle-même.

En effet, tout ce que je perds d'un côté, je le retrouve de
l'autre, par l'accroissement du capital productif de la nation :
sur les 96o.ooo.ooo de journées de travail perdues par l'ouvrier dans les cabarets, — c'est l'évaluation du professeur
Rochard, — sur les 4oo.ooo.ooo de francs de capital perdu
que représente annuellement la mortalité par tuberculose d'ori-
gine alcoolique, — sur la diminution de la criminalité, de la
folie, de la misère, — sur la diminution corrélative du coût d'entretien des prisons et des asiles d'aliénés, — sur la plus-value
du travail ouvrier et agricole, — sur toute la richesse nouvelle,
sujette à l'impôt, qui sera la conséquence de cette plus-value.

Vous-mêmes, vous vous étonnez de ces chiffres ; vous vous
dites que ma passion anti-alcoolique m'entraîne à des illusions.
Écoutez ceci :

L'Empereur de Russie, dès l'ouverture des hostilités, sup-
prime l'alcool. La rapidité de la mobilisation russe, l'excellent
état hygiénique de l'armée russe dans sa terrible campagne
de Pologne, sa ténacité sans défaillance, j'ai montré, ailleurs,
en m'appuyant sur des dépositions formelles et précises,
qu'elles sont dues, pour une large part, au courageux, à l'admirable ukaze du Tzar. Mais la suppression de l'alcool n'a
pas eu, sur le terrain économique, de moins heureuses conséquences.

Ce n'est pas moi qui parle, c'est M. Bark, ministre des Finances de Russie. Ces paroles ont été recueillies pendant son dernier séjour à Paris et reproduites dans de nombreux journaux :

Les caisses de l'épargne de l'Empire, a dit M. Bark, atteignaient péniblement, en 1913, un excédent de 600.000 roubles. Fin décembre, cinq mois après la prohibition de l'alcool, cet excédent s'élevait à 29 millions de roubles, soit environ 50 fois plus. Mais voilà, continue M. Bark, voilà qui est plus fort. Rien que dans la première quinzaine de janvier 1915, le peuple russe, et notamment les ouvriers, les moujicks, a remis aux mêmes caisses d'épargne 25 millions de roubles qui, jadis, étaient gaspillés au cabaret, — 25 millions de roubles en deux semaines.

Cela en pleine guerre, alors que plus de *quatre* millions d'hommes, de travailleurs sont au front.

Et, hier, l'un de nos officiers les plus distingués, revenant d'une mission en Russie, me disait que la conséquence de la prohibition de l'alcool avait été, dans ce magnifique empire, la cause immédiate d'une prospérité inouïe, sans précédent. On ne reconnaît plus la Russie, me disait-il. Le moujik est propre, bien tenu. Son logement se transforme, s'embellit. Délivrée du prétendu stimulant qu'est l'alcool, la qualité de la main-d'œuvre a doublé. Les trois quarts du gain de l'ouvrier allaient à la *vodka*, au *traktir*, aux repaires de la *Puissance des Ténèbres*. Il les emploie à améliorer sa situation, à conquérir le bien-être, à s'assurer, par les dépôts aux Caisses d'Epargne, le pain de ses vieux jours. A Moscou et à Pétrograd, cet officier a vu 50 chefs d'industrie. Ils lui ont dit : Dès à présent, nous doublons le nombre de nos usines.

Le prétendu argument économique, financier, budgétaire, n'est donc qu'un mensonge de plus à ajouter à tous ceux qu'invoque, pour sa défense, l'ennemi public. Loin d'appauvrir le pays, la suppression ou la réduction de l'alcool l'enrichira dans des proportions incalculables. Augmenter les ressources d'un pays, accroître le rendement de l'impôt, c'est tout un. Ou toute la science économique n'est qu'une duperie et le bon sens n'est qu'un mot.

Mais que fera-t-on de l'alcool ? Je réponds avec Casimir

Perier : « Vous le verserez dans les chaudières au lieu de le verser dans les estomacs. »

J'entends bien : il faudra trouver des procédés pour l'utilisation nouvelle, par la dénaturation, de l'alcool.

En votre nom, je demande à l'Académie des Sciences, à l'Académie de Médecine de mettre au concours le problème de la dénaturation de l'alcool.

La science a condamné l'alcoolisme; la science trouvera bien l'utilisation industrielle de l'alcool.

J'ai déblayé le terrain des objections du parti de l'alcoolisme. Je reviens aux autres mesures que je préconise contre l'alcoolisme.

Il en est une qu'il faut prendre tout de suite, que l'état de siège permet de prendre sans retard.

Vous savez que, dans la zone des armées, M. le général Joffre a interdit la vente de l'alcool aux soldats et qu'il a prévenu les débitants qui passeraient outre à ses prohibitions que leurs cabarets seraient immédiatement fermés.

Ne pensez-vous pas que la même mesure s'impose dans tout le reste du territoire ; que, dans tout le reste du territoire, les mêmes prohibitions et les mêmes sanctions doivent être prononcées ?

Le scandale est moins dans la publicité donnée à certains faits que dans les faits eux-mêmes. Oui, je sais cela, il m'est arrivé de le dire, de l'écrire. Pourtant, un scrupule me retient au moment de montrer, par des récits circonstanciés, ayant pour auteurs soit des civils indignés, soit des officiers attristés, quelles sont les conséquences désolantes de la libre fréquentation des cabarets par les soldats des dépôts et des garnisons de l'intérieur.

Sans doute, le mal ne sévit pas également dans toutes les parties du territoire. Il y a nombre de départements, de villes qui en sont indemnes, où l'on n'a pas tous les jours le spectacle de cabarets remplis de soldats qui se répandent ensuite par les rues dans un manifeste état d'ivresse et y provoquent des scandales de toutes sortes. Mais d'autres départements, d'autres villes offrent quotidiennement ce spectacle. J'en ai, je le répète, l'attestation par des correspondants dont la sincérité ne peut laisser aucun doute. J'ai des lettres d'officiers, de maires, de préfets.

Il y a des faits publics, imprimés par toute la France.

Ce sont tant de condamnations prononcées par des conseils de guerre contre des soldats qui, abrutis par l'alcool, ont insulté leurs supérieurs, se sont livrés contre eux à des voies de fait, se sont rebellés, — et qui expient durement, à cette heure, la licence laissée aux cabaretiers impunis, malgré la volonté formelle de la loi, de les enivrer.

C'est cet ordre du jour d'un général de division qui porte à la connaissance de deux régiments, dont j'ai les numéros, que de trop nombreux cas d'ivresse lui ont été signalés et « qu'il va être obligé de prendre des mesures d'une rigueur extrême pour enrayer ce vice infect par les temps tragiques que nous traversons ».

C'est ce registre d'un hôpital d'une grande ville maritime où il est constaté que douze soldats sont morts de *delirium tremens*.

C'est ce cahier de punitions, où 800 jours de salle de police ou de prison sont, comme on dit, « distribués » tous les mois pour ivresse et pour scandale public.

Je ne veux pas continuer. Cela est trop triste. Mais le mal est trop patent et il est trop étendu pour que l'on puisse se contenter de le déplorer à huis clos. Il faut agir. Avec la certitude que tout le corps d'officiers et l'immense majorité des mobilisés de l'intérieur applaudiront, j'exprime, une fois de plus, le vœu qu'à l'exemple de ce qui est devenu la règle des zones de l'armée il soit interdit aux débitants de l'intérieur, sous peine de fermeture immédiate, de donner à boire aux soldats des boissons alcooliques.

Il y va, je l'affirme, de la santé physique et morale de tous ces malheureux, déjà trop atteints par le mal pour pouvoir résister à la tentation.

Ce sont eux qu'on punit : sont-ils les vrais coupables ?

La vodka est supprimée en Russie ; un écrivain anglais d'une grande et légitime réputation, M. Stephen Graham, interroge les soldats russes.

— Souhaiteriez-vous de voir rouvrir les débits d'eau-de-vie ?
— Non, certes.
— Et pourquoi ?
— Pourquoi ? Parce que le débit d'eau-de-vie est notre ennemi tout comme le Prussien. Si tu as un quart de rouble dans ta poche,

et que tu voies ouverte la porte du débit, impossible pour toi de ne pas y entrer.

Croyez-en le vieux docteur d'anti-alcoolisme que je suis. C'est là l'exacte vérité. Vérité en Russie. Vérité en Angleterre. Vérité chez nous. Universelle vérité : La porte du débit est ouverte ; impossible de ne pas y entrer.

Le soldat, interrogé par l'auteur de ce beau livre : *la Russie et le Monde*, continue sa confession en ces termes, que je cite textuellement ; il se parle à lui-même :

... Tu ne peux pas y entrer. Que si seulement la porte est ouverte pas moyen pour toi de t'en empêcher ! Ou bien apprends-tu qu'il y y a une porte ouverte dans un village à une lieue d'ici ? A tout prix il faut que tu y coures, pour acheter de la *vodka*. Et quel profit en as-tu, de cette maudite *vodka*, en fin de compte? Non, frère, voyez-vous, cette guerre nous a enseigné bien des choses ! Moi, par exemple, je suis maintenant chargé de voler dans l'air. Qui donc aurait rêvé dans mon village qu'il m'arriverait de m'en aller là haut, parmi les nuages et les étoiles, comme un Français ou un Anglais? Et alors je songe : « Vois-tu quels nobles alliés nous avons ! Ils ne boivent pas, eux : pourquoi ne ferais-tu pas comme eux ? »

Ainsi parle le soldat russe, le *moujik* au cœur simple, à l'âme ignorante et limpide. C'est à notre exemple qu'il veut cesser de boire. Et c'est son exemple qui s'impose à nous. Ou, plutôt, l'exemple du gouvernement russe qui a résolument coupé le mal dans la racine.

L'un des plus fermes républicains que j'aie connus, mon ami Ranc, appelait le Gouvernement russe : Une dictature d'opinion. C'était avant l'ère constitutionnelle, avant la *Douma*. Il n'y a plus de serfs en Russie. Il y a des électeurs en Russie. Et le commerce de l'alcool n'existe plus en Russie.

J'y insiste ; réfléchissez, demandez aux pouvoirs publics de réfléchir à la profonde vérité de l'aveu du soldat russe, magnifique aveu à la Tolstoï : « Si le traktir est ouvert, impossible de n'y pas entrer. »

Je ne m'exagère pas les possibilités. Je ne réclame pas la clôture de tous les débits d'alcool. Quand je demande que soit fermé, dans la zone de territoire comme dans la zone des armées, tout débit où il aura été versé de l'alcool à des soldats, est-ce que vraiment je propose quelque chose d'extraordinaire ? Le croyez-vous ?

Je ne veux pas qu'il puisse venir à la pensée de qui que ce soit, demain, après-demain, que, dans cette grande lutte patriotique, nécessaire, indispensable, contre le fléau, le pouvoir civil n'a pas fait tout son devoir, alors que les autorités militaires ont fait tout le leur.

Nous sommes, hélas ! quelques-uns à qui il est, plus d'une fois, arrivé d'avertir à la façon de l'antique Cassandre.

La mesure est rigoureusement légale; il s'agit beaucoup moins de faire preuve de courage que de se rendre compte exactement des choses, d'entrer dans l'élémentaire psychologie, la psychologie du soldat russe, qui a dit : « Défendez-moi contre moi-même. »

Nos grands chefs militaires ont défendu les soldats du front contre eux-mêmes. Ils n'en ont pas fait des héros. Mais ils ont dégagé, libéré les âmes vaillantes, héroïques, que l'alcool, complice de l'Allemand, guettait, qu'il menaçait d'assombrir, d'enténébrer, d'énerver.

Il faut faire de même pour les soldats du territoire. Et il n'y a qu'un seul moyen de le faire, à l'exemple de la Russie, en suivant de loin l'exemple de la Russie.

Il ne sert de rien de punir le soldat qui s'est enivré, de le punir de peines disciplinaires quand il n'a donné que du scandale, de l'envoyer aux conseils de guerre quand l'ivresse de l'alcool l'a conduit à l'indiscipline et au crime.

L'exemplarité restera toujours inférieure à la diabolique tentation ; mais elle ne sera pas inférieure à l'intérêt matériel.

C'est à celui qui lui verse à boire le poison qu'il faut parler haut et ferme. C'est à lui qu'il faut dire : « La première fois que tu auras vendu ou donné de l'alcool à un soldat, ton débit sera fermé. »

Croyez-moi : après le vingtième débit qui aura été ainsi fermé, irrévocablement fermé, il ne se trouvera plus beaucoup de débitants pour risquer un pareil enjeu.

Mais suffit-il, aux heures tragiques et glorieuses que nous vivons, d'interdire la vente aux soldats de l'alcool et de toute les boissons spiritueuses, sous la menace, qui ne devra jamais être vaine, d'une sanction sévère pour le vendeur ?

Non.

J'aborde une autre partie du douloureux problème : l'alcoolisme féminin.

Le Gouvernement a supprimé l'absinthe. Il a proposé la limitation des cabarets. Et, cela fait, il reconnaît, dans un document officiel, qui a été rendu public, que l'alcoolisme féminin, le plus triste, le plus effroyable de tous, s'est considérablement développé depuis la guerre.

Ce document officiel, c'est la circulaire, dont je parlais tout à l'heure, du ministre de l'Intérieur sur le retrait de l'allocation aux femmes qui s'alcoolisent, se livrent à la boisson.

J'ai, dans mon dossier, de nombreuses, de trop nombreuses attestations à l'appui du mal que vise cette circulaire.

Voici la liste nominative de 40 enfants dont les pères sont mobilisés et qui ont été, depuis la mobilisation, abandonnés par des mères devenues alcooliques, mortes à l'hôpital des suites de l'ivrognerie, tombées du cabaret dans la plus basse prostitution. J'ai les noms et les adresses.

Voici la lettre d'un ancien et très éminent fonctionnaire :

J'ai recueilli moi-même, de la bouche d'un entrepositaire de spiritueux à... (Seine-Inférieure), qu'il ne peut suffire aux commandes — il n'y a pas beaucoup de bouilleurs dans ce département, — et qu'on n'a jamais tant bu d'alcool. En effet, les cabarets, ouverts dans le village, regorgent de femmes et d'enfants. — Daté et signé.

Voici une autre lettre, d'un officier supérieur : « Beaucoup de femmes font ici (dans un département de la région lyonnaise) un bon usage de l'allocation qu'elles reçoivent. Certaines déclarent que la vie leur est plus facile qu'en temps de paix, leurs maris ayant l'habitude de boire leur paie et de ne rapporter qu'un petit reliquat à la maison. Mais d'autres, en trop grand nombre, hélas ! boivent leurs allocations et donnent publiquement le spectacle affreux de l'ivrognerie. » Signé.

Je pourrais continuer longtemps ces lectures.

Si lourd qu'il soit, mon dossier est évidemment très léger en comparaison de celui qui a dû être réuni au ministère de l'Intérieur et qui a motivé la récente circulaire que vous avez pu lire dans les journaux.

La circulaire rappelle que le Gouvernement a pris toutes les mesures nécessaires pour assurer l'existence des familles momentanément privées de leur chef. Mais il pense que les sommes allouées par l'Etat ne doivent pas servir à développer l'alcoolisme féminin. En conséquence, il invite les préfets à faire exercer par les maires une surveillance rigoureuse des débits — cela est excellent — et à exiger d'eux la stricte application de la loi de 1873 sur l'ivresse publique — et cela aussi est excellent. — En conséquence, chaque fois qu'une femme de mobilisé sera signalée au maire comme se livrant à la boisson, le maire devra vérifier avec soin le fait, puis en aviser le préfet, qui poursuivra le retrait de l'allocation militaire.

Attendez, Messieurs ; j'expose d'abord.

Autant le pays est prêt, dit la circulaire ministérielle, à supporter toutes les charges qui ont pour but d'assurer l'existence de ceux que le père de famille a laissés sans ressources pour aller défendre la patrie, autant il ne pourrait accepter que ses sacrifices aient pour résultat de satisfaire et de développer un vice qui, comme celui de l'alcoolisme, met en péril à la fois l'avenir de la race et la paix du foyer.

C'est en exécution de cette circulaire que les préfets ont pris des arrêtés qui ont été également publiés par les journaux, affichés et envoyés aux municipalités.

Voici celui du préfet de Seine-et-Oise. Il résume la circulaire ministérielle, puis s'exprime en ces termes :

Or, il arrive que des femmes de mobilisés se laissent aller à dépenser une partie des allocations qu'elles reçoivent à un usage abusif de l'alcool.

La fréquentation plus ou moins habituelle d'un débit de boisson, pour y consommer sur place ou pour y acheter de l'alcool à emporter, est un fait déplorable qui sera réprimé avec la plus grande sévérité.

Désormais, toutes les fois qu'une titulaire d'allocation sera signalée comme se livrant à la boisson, elle sera déférée devant le conseil d'appel de son arrondissement *en vue du retrait de son allocation.*

Cette sanction, à la fois juste et nécessaire, sera appliquée de la façon la plus rigoureuse, notamment lors de toute contravention à la loi du 15 juillet 1873, sur l'ivresse publique.

Versailles, le 25 mars 1915.

Le Préfet : A. AUTRAND.

Eh bien, j'ai des doutes, des doutes très graves, sur l'efficacité et, aussi, sur la justice, sur l'équité de la méthode employée pour combattre l'alcoolisme des femmes de mobilisés.

Ces femmes sont tombées dans ce vice ignoble. Par la faute de qui ?

Le conseil d'appel leur retirera leur allocation. C'est les condamner à mourir de faim, elles et leurs enfants, ou c'est condamner le principe de l'allocation.

Or, si je suis enclin à croire — mais c'est une autre question qui mériterait une longue discussion — que l'allocation devrait comprendre, avec une moindre somme d'argent liquidé, des bons invendables de pain, de viande, de charbon, etc.; — je tiens pour souverainement équitable et politique le principe même de l'allocation.

L'allocation a enlevé aux soldats qui combattent et qui offrent tous les jours leur vie à la patrie l'affreuse inquiétude de la misère de leurs foyers.

L'allocation a puissamment contribué à maintenir l'esprit public.

La loi sur les allocations est juste, humaine, politique, bienfaisante.

Mais, dès lors, je me demande et je vous demande si la peine qui frappe la femme du mobilisé, quand elle est tombée dans l'alcoolisme, si la suppression de son allocation n'est pas une peine excessive et si les pouvoirs publics frappent là où il faut frapper.

Ce sont les maires qui sont invités à signaler au préfet les femmes qui leur auront été signalées à eux-mêmes comme se livrant à la boisson.

Etes-vous bien sûrs que, malgré l'union patriotique de tous les partis, la femme alcoolique du bon électeur — c'est celui dont le parti, de gauche ou de droite, a eu la majorité aux dernières élections — sera signalée avec la même rigueur que la femme du mauvais électeur ?

Et combien de maires sont des cabaretiers ?

Je lis dans un journal de Nevers, qui m'a été communiqué par une haute personnalité militaire, un article daté du 25 mars dernier, sur l'alcoolisme au village; *l'Alcoolisme obligatoire*, tel est le titre de l'article :

Paris ne sait pas qu'au village l'alcool est trop souvent vendu ou offert par des cabaretiers, aubergistes, hôteliers, épiciers, etc., qui sont conseillers municipaux, adjoints aux maires et, même, maires.

Certes, le cabaretier, conseiller municipal, adjoint ou maire, n'exige pas de ses administrés qu'ils boivent dans son débit. Mais il sait leur prouver que ses faveurs, son appui, et sa protection vont à sa clientèle.

Je connais trois de ces débits tenus par des maires... Des enfants viennent boire. Les cabaretiers-maires y versent leur alcool en bouteille autour d'un comptoir dont le tiroir renferme le cachet de la mairie, quelques archives et les cachets municipaux. Chaque jour y défilent et consomment des habitants qui ont un service à demander ou des pièces à présenter aux magistrats de leurs communes. Le soir, quand arrive l'heure prescrite de la fermeture, Messieurs les Maires s'octroient la permission de la nuit afin de pouvoir garder leurs clients à l'abri des gendarmes... Une salle sert à réunir les conseillers de plusieurs commissions ; l'on y parle des affaires communales en buvant de l'alcool.

Ce sont, dira-t-on, des cas exceptionnels ? Je voudrais en être certain. Et le journaliste exagère. Il est, en tout cas, courageux. Et Balzac aurait trouvé à cette page, que j'abrège, la marque puissante de la vérité prise sur le fait.

J'ai dit : la classe ouvrière. Et, en effet, c'est surtout de la classe ouvrière, des travailleurs des villes et des travailleurs de la campagne qu'il s'agit.

Aujourd'hui, comme à mon ordinaire, — j'ai trop de poils gris pour changer mes habitudes, — je veux dire toute ma pensée, aller jusqu'au bout de ma pensée.

Notre bataille contre l'alcoolisme, c'est surtout, dans l'intérêt de la classe ouvrière que nous la livrons, parce que la bourgeoisie, assurément, n'est pas tout à fait indemne, mais cependant elle s'est, presque partout, corrigée de l'affreux vice.

On disait autrefois en Angleterre : *Drunk as a lord*, ivre comme un seigneur.

On y dit aujourd'hui : Ivre comme un docker.

Déjà, quand ce vieux démocrate, Denys Poulot, écrivait son livre *Du Sublime*, où Zola a puisé tant de documents humains pour *l'Assommoir*, c'était au peuple des faubourgs et des campagnes qu'il jetait son avertissement qui, hélas ! ne fut pas entendu.

Si les privilégiés de la fortune et de l'intelligence s'adonnaient à l'alcool, ce serait un grand malheur. Mais c'est un bien plus grand malheur pour l'ensemble de la nation quand l'alcoolisme — et vous savez bien que c'est le cas — sévit surtout parmi les ouvriers et parmi les paysans.

Dès lors, il ne suffit pas de protéger contre la tentation alcoolique — ce qui, je ne me fatiguerai pas de le dire, est le véritable nom du péril alcoolique — les soldats sous les drapeaux, les femmes et les mineurs.

Mais les travailleurs de la ville et des champs ont, eux aussi, droit à être défendus contre les marchands de poison.

Comment les protéger?

Faut-il, comme en Russie, supprimer entièrement, radicalement, l'alcool de consommation, sauf par ordonnance du médecin?

Regardons en face les choses telles qu'elles sont. Ne nous payons pas de mots, d'illusions. Ne déclamons pas. Soyons des hommes pratiques. Laissons les surenchères aux démagogues. Méprisons les gestes. Réclamer aujourd'hui la suppression totale de l'alcool, ce n'est qu'un geste.

Vous préférerez des actes.

Avant de supprimer l'alcool dans la République de Salente, réduisons-en la consommation dans la République française.

Comment? Il n'y a pas de question sociale qui ait été plus complètement élucidée.

La lutte contre l'alcoolisme doit et peut se poursuivre, avec une égale efficacité, par des lois et par des réglementations de toutes sortes.

Si le sujet qu'il m'incombe aujourd'hui de traiter n'était pas *les lois anti-alcooliques et la guerre*, j'insisterais plus spécialement, ainsi que je l'ai déjà fait dans mes livres et dans mes discours, sur les réformes dont l'élaboration ne peut se poursuivre qu'en temps de paix.

C'est l'éducation anti-alcoolique, afin que les enfants de demain soient mieux armés contre la tentation que leur père.

C'est la lutte obstinée contre le taudis, parce que le grand pourvoyeur du cabaret, c'est le taudis.

C'est la lutte contre toutes les formes de la misère, parce que la misère conduit à l'alcoolisme qui mène à une pire misère.

Ces lois déjà ébauchées, ces lois qu'il faudra développer et compléter, et bien d'autres lois qui ne sont encore que dans nos cerveaux et dans nos cœurs, ce sera l'œuvre de demain, l'œuvre de la paix, dans la France redevenue toute la vieille France; et tout le temps, tout l'effort que nous consacrerons à l'élaboration de ces lois économiques et sociales, ce sera de tous les moyens le meilleur pour continuer, après la guerre, l'union sacrée de tous les bons citoyens, sans distinction de parti.

Mais la guerre n'est pas terminée ; la victoire complète, qui doit nous donner la paix complète, celle qui ne sera pas une pauvre halte entre deux batailles et la plus insigne des duperies, nous ne l'avons pas encore. Et il faut aller au plus pressé, à la réglementation et à la législation du temps de guerre — laquelle, d'ailleurs, pourra survivre à la guerre.

Les hommes qui sont au front, qui sont dans les tranchées, qui, tous les jours, prodiguent leur sang et offrent leur vie à la patrie, ceux-là, d'ores et déjà, ils sont guéris de l'alcoolisme. « Notre Joffre » n'est pas seulement le vainqueur des batailles de la Marne.

Demain, après-demain, à l'heure fixée par le Destin, dont les premiers coups sonnent déjà, ils auront remporté la victoire du Droit et de la Liberté. Ils reviendront en triomphateurs dans leurs foyers. Les ferons-nous rentrer dans une France alcoolisée ?

Donc, il y a des mesures essentielles, très simples, très efficaces aussi, qu'il faudra prendre tout de suite, que le gouvernement peut prendre par décret.

Le même fait m'a été signalé d'autre part, et l'un de mes correspondants, qui est juge de paix, y ajoute cette observation très judicieuse :

Les percepteurs des communes rurales vont, une fois par mois, dans les communes hors de leur résidence, pour y percevoir l'impôt et payer aux femmes les mois de nourrice des enfants de l'assistance publique. Où s'installent-ils ? Chez des cabaretiers qui leur prêtent leur local. Ces jours-là, la consommation double. Les percepteurs ne devraient-ils pas être tenus d'aller à la mairie ?

Au passage, je soumets cette observation à l'homme éminent auquel j'ai eu naguère le très grand honneur de succéder comme Président du Groupe anti-alcoolique de la Chambre, à M. Ribot.

Ai-je besoin d'insister? J'ai beau avoir la ferme volonté d'écarter, ici comme ailleurs, toute généralisation hâtive et, par conséquent, injuste : je ne puis me défendre de croire que, tantôt pour des raisons politiques, tantôt pour des raisons professionnelles, et, aussi, tantôt par humanité, par pitié pour la femme alcoolique et pour les enfants du mobilisé, les maires de la très grande majorité de nos communes se contenteront d'accuser très respectueusement à M. le préfet réception de sa circulaire.

Et, encore une fois, il n'y aura rien de changé en France : il n'y aura qu'une circulaire de plus.

Mais le mal, le mal abominable de l'alcoolisme féminin, continuera à sévir et, ainsi que me l'écrit un vieux soldat républicain, « cette guerre glorieuse entre toutes sera aussi la date de la recrudescence de l'alcoolisme parmi les femmes ».

Eh bien, non, cela ne doit pas être, et, pour que cela ne soit pas, il suffit d'un simple décret.

Si l'homme s'avoue trop faible pour résister à la tentation du cabaret, quel est le cas de la femme ? Depuis le premier jour où Eve blonde s'éveille à la lumière, la femme a été dix et cent fois plus accessible à la tentation.

Dès lors, il faut frapper au bon endroit, toujours le même.

Vous demandez aux maires d'avoir le courage de dénoncer la femme alcoolique qui se verra retirer son allocation et qui tombera demain dans une pire misère, sans renoncer, vraisemblablement, à son vice.

N'est-ce pas trop leur demander ? Ne suffit-il pas de leur demander de ne pas couvrir, de ne pas défendre contre les représentants de la loi les débitants qui poussent ces malheureuses femmes à la boisson ?

Est-ce que le Gouvernement, lui, ne pourrait pas, ne devrait pas décréter tout simplement, en vertu des pouvoirs exceptionnels qui lui sont conférés par l'état de siège, qu'il est désormais interdit aux débitants de vendre de l'alcool et des boissons spiritueuses, soit en bouteille, soit au petit verre, aux femmes quelles qu'elles soient, à celles des non-mobilisés comme à celles des mobilisés et aux enfants ? Et, nécessairement, que tout débitant qui enfreindra la loi verra fermer son débit ?

L'exécution de ce décret — dont il appartiendra, plus tard, à la Chambre de faire une loi — serait confiée aux préfets et aux parquets, aux juges de paix et aux gendarmes et aux commissaires de police, sérieusement avertis que toute négligence de leur part entraînera des sanctions sévères.

Le Gouvernement prendrait cette décision au milieu de l'applaudissement universel. Il a, à sa tête, un ancien et fidèle ami de notre Ligue de l'Enseignement et de nos ligues anti-alcooliques. Qui sait mieux que M. Viviani, ancien ministre du Travail, que la classe ouvrière n'a point de pire ennemi que l'alcoolisme ?

Et il ne faut pas seulement les prendre pour la haute raison morale que je viens de vous dire ; mais pour une autre raison encore : dans l'intérêt de la Défense Nationale.

Car l'œuvre de la Défense Nationale, elle ne se poursuit pas seulement, là-bas, sur le vaste front qui va du versant alsacien des Vosges aux dunes de la mer du Nord ; mais elle se poursuit, ici encore, dans les usines où se fabriquent les armes, les munitions, les vêtements, dans les ports où les vaisseaux apportent les denrées indispensables à la vie même et de la nation et de l'armée, dans les ateliers et dans les champs, partout où le travail des non-mobilisés devrait donner son *maximum* de rendement, où il le donne souvent, — j'en atteste les ouvriers des établissements où se fabriquent tous les jours par milliers les armes et les projectiles, — mais où il ne le donne pas toujours, et vous le savez.

Et là où le travail ne donne pas son *maximum* de rendement, où il ne donne même pas un *minimum* raisonnable de rendement, la cause en est toujours la même : l'alcool, le cabaret.

J'ai publié, l'autre jour, sans nommer la ville d'où il m'est venu, le document officiel suivant :

Emploi d'une journée de travail d'un Docker à...

7 heures à huit heures : Travail.

8 heures : Paye.

8 heures à 8 h. 1/4 : Casse-croûte, alcool.

8 h. 1/4 à 10 h. : Travail.

10 heures à 10 h. 1/2 : Apéritif.

10 h. 1/2 à 11 heures : travail, puis paye.

3 heures à 3 1/2 : Casse-croûte, alcool.

3 h. 1/2 à 5 heures : travail, puis paye.

5 heures à 5 h. 1/4 : Apéritif.

5 h. 1/4 à 6 heures : Travail.

A partir de cinq heures, les hommes sont ivres pour la plupart.

En dehors des arrêts prévus ci-dessus, les dockers s'échappent dès qu'ils ne sont plus surveillés et vont boire en supplément dans les nombreux estaminets du port sans compter le vin qui disparaît des tonneaux du port.

Une statistique de la chambre de commerce évalue à la contenance d'un navire de 4.000 tonnes la quantité de vin ainsi volée par an.

Or, l'ivrognerie et l'alcoolisme de ces dockers n'ont pas eu des conséquences de beaucoup moins graves que celles de l'alcoolisme et de l'ivrognerie de ces ouvriers des manufactures d'armes anglaises qui ont provoqué le puissant mouvement d'opinion dont le Roi Georges a donné le signal.

Il existe, dans chacun de nos grands ports, une commission dite des ports qui est composée d'un officier général, président, d'un officier supérieur de la marine, du Président de la Chambre de commerce et de quelques autres membres non moins qualifiés.

Ma réputation d'anti-alcoolique incorrigible m'a valu de quelques-unes de ces Commissions des communications désolantes.

Le travail dans ces grands ports devrait donner aujourd'hui un rendement incomparablement plus fort qu'en temps de paix. Il n'en est rien. Le travail est si médiocre, en raison des ravages quotidiens de l'alcool, que le Gouvernement s'est vu dans la nécessité d'avoir recours aux prisonniers allemands, notamment à Saint-Nazaire, à la Palisse, à Cette, d'où me viennent les communications que j'ai reçues, et, encore, au Havre où, dans de nombreuses rues, sur deux maisons, il y a un cabaret.

Et, alors, Messieurs, que s'est-il passé, au moins dans l'une de ces villes que je puis et que je veux nommer : le Havre ?

Lorsque les ouvriers du port se sont rendu compte de l'humiliation que leur infligeait la nécessité, pour subvenir aux besoins de l'armée et du pays, d'avoir recours au travail de prisonniers allemands, ils se sont dressés dans un sursaut de patriotique indignation, contre l'autre ennemi : l'alcoolisme, — et ce sont eux qui ont réclamé du gouvernement militaire, — le Havre ne fait point partie de la zone des armées — des mesures rigoureuses contre l'alcoolisme, des mesures appliquées sérieusement, « des mesures pouvant aller, si cela était nécessaire, jusqu'à la suppression totale des boissons alcooliques ».

Ces « militants ouvriers havrais » rappellent — et je leur apporte mon témoignage, ayant connu de longue date leurs efforts, — qu'ils ont, eux-mêmes, dénoncé bien des fois « le mal chronique dont souffrent au Havre toutes les branches de l'activité commerciale, industrielle, maritime ; et c'est l'alcoolisme ».

Je cite textuellement.

En conséquence, ils réclament du gouverneur maritime les mesures les plus rigoureuses ; ils insistent pour l'application exacte, sévère, qui peut seule donner aux mesures à prendre toute leur efficacité ; ils terminent leur lettre par ces belles et nobles paroles :

En nous donnant satisfaction sur ce point, monsieur le Gouverneur, vous décuplerez non seulement le rendement de la main-d'œuvre, mais vous rendrez la paix aux foyers, la force et la santé à l'homme.

Voilà le langage de ces ouvriers, et ce ne sont pas des bourgeois déguisés, par l'occasion, en ouvriers. Car voici l'entête de leur lettre, dont une copie est entre mes mains :

L'Union fait la Force
Confédération Générale du Travail
Chambre syndicale des Ouvriers du port
et similaires du Havre
Siège social : *Cercle Franklin*
Cours de la République.

Vous me permettez, Messieurs, de féliciter au nom de la *Ligue de l'Enseignement* ces ouvriers militants havrais ; de leur dire en votre nom qu'ils sont des citoyens et des patriotes ; et, surtout, — et ce sera le plus beau témoignage que nous pourrons leur rendre, — de considérer leur déclaration comme l'expression autorisée des sentiments de toute la classe ouvrière, quand, affranchie des fumées de l'alcool, elle est elle-même, c'est-à-dire la force la plus vivace de la France.

Que les mesures sollicitées par ces ouvriers soient donc prises ! Ils ne les précisent pas, mais est-il malaisé d'indiquer tout au moins celles qui, en attendant la loi, peuvent être prises par simple décret ou par simple arrêté ?

Sous peine de fermeture du débit :

Interdiction de vendre de l'alcool à des ouvriers employés
à des travaux d'utilité publique, selon une liste officiellement
dressée ;

Interdiction de vendre l'alcool à crédit ;

Interdiction d'employer aucune fille ou femme étrangère à
l'établissement ;

Interdiction de tenir ouvert de midi à 2 heures et après
6 heures du soir tout débit de boissons alcooliques.

Je cite ces mesures à titre d'exemple ; on en pourrait prendre d'autres encore.

Voilà, Messieurs, la voie, la large voie droite où il nous
faut entrer s'il ne suffit pas à nos ambitions de vouloir rendre
à la France ses provinces perdues et toute sa place dans le
concert des peuples ; mais si vous avez aussi celle de sauver
du plus dégradant des vices celle que Gambetta appelait « la
plus grande personne morale qui soit au monde » et qui l'est,
en effet, et qui vient de le montrer par le magnifique effort
qu'elle a consenti depuis dix mois et qu'elle continuera jusqu'au bout.

On a cherché une contradiction entre les hommages répé-
tés que je n'ai pas cessé de rendre, dans mes livres et mes
discours d'hier et d'avant-hier, dans mes articles sur la guerre,
à notre admirable pays, et mes catilinaires non moins répé-
tées contre le fléau alcoolique acharné à tarir les sources vives
de la nation.

Voici une statue, l'une des plus belles que l'Histoire ait
sculptée. Voici des iconoclastes, des barbares qui menacent
de la mutiler ou de la souiller. Je défends la statue. Où est la
contradiction ?

POITIERS

IMPRIMERIE G. ROY

7, rue Victor-Hugo, 7.